Chongqing Grand
Theater in China
The Chongqing Grand
Theater in China

Meinhard von Gerkan
Nikolaus Goetze

Chongqing Grand Theater in China

The Chongqing Grand Theater in China

gmp FOCUS

jovis

gmp · Architekten von Gerkan, Marg und Partner

中国人寿

Verortung

Location

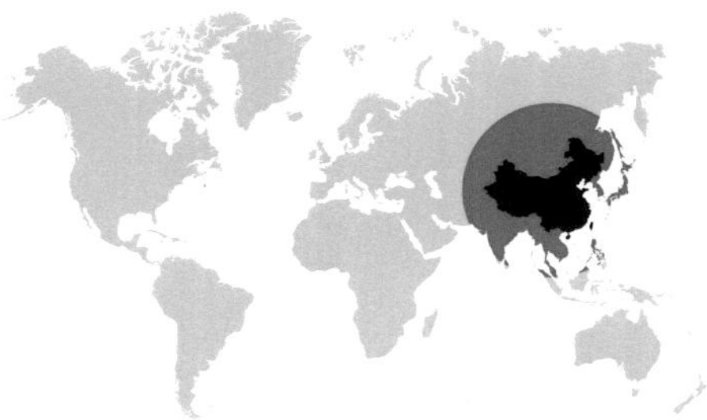

29° 33' N, 106° 30' O

Man könnte Chongqing als „die Stadt mit den vielen Namen" bezeichnen. „Stadt der Berge" wird sie zum Beispiel genannt. Steile Straßen ziehen Hänge einer Stadt hinauf, die auf mehr als sieben Hügeln errichtet worden und auf drei Seiten von Bergen umgeben ist. Sieben Hügel würden auch schwerlich reichen, denn Chongqing erstreckt sich über eine Fläche von der Größe Österreichs, bringt darauf aber mit beinahe 30 Millionen Einwohnern mehr als die dreifache Bevölkerung unter. „Nebelhauptstadt" oder „Stadt des Nebels" heißt sie auch: Im subtropischen Klima ist von Oktober bis April die Luftfeuchtigkeit hoch.

One could call Chongqing the "city of many names." "City of mountains" is one of them. Steep roads lead up the slopes of a city built on more than seven hills, surrounded by mountains on three sides. After all, seven hills would hardly suffice, for Chongqing covers an area the size of Austria; although with its almost 30 million inhabitants it houses a population over three times as great. It is also referred to as the "capital of fog" or "fog city": In the subtropical climate, atmospheric humidity is high from October till April.

Peking Beijing
China
Chongqing

Chongqing liegt am Wasser

Zudem liegt Chongqing am Wasser, am Zusammenfluss von Jangtsekiang und Jialing im Sichuan- oder „Roten" Becken. Diese Senke ist rohstoffreich, sehr fruchtbar und eben rot - denn der Untergrund besteht aus Sandstein und Ton. Seit Errichtung des Drei-Schluchten-Staudamms reicht sogar der Stausee bis an die Stadt. Böse Zungen allerdings behaupten - zu Recht? -, für den Nebel spiele Smog eine deutlich größere Rolle als Feuchtigkeit.

„Chongqing" wurde die Stadt von einem Herrscher getauft, der erst zum König, dann zum Kaiser aufgestiegen war und zwei Mal feiern konnte, denn Chongqing heißt „Doppeltes Fest".

Chongqing Lies on the Waterfront

Furthermore, Chongqing lies on the waterfront, at the confluence of the Yangtze and Jialing Rivers in the Sichuan Basin or "red" basin. This depression is rich in raw materials, very fertile and red–from the sandstone and clay subsoil. Ever since the Three Gorges Dam was built, the reservoir reaches as far as the city. There is some (justified?) nasty gossip going around, however, maintaining that the fog has definitely more to do with smog than with humidity.

Chongqing received its name from a sovereign who first became king and then emperor and therefore celebrated twice, for Chongqing means "double celebration".

Chongqing in Zahlen

Fläche:
Kommune 82.403 km^2
Stadtgebiet 5.472,8 km^2

Bevölkerung:
Kommune 29.700.000
Stadtgebiet 7.457.589
(Stand 2013)

Chongqing in Figures

Area:
Municipality 82,403 square kilometers
City 5,472.8 square kilometers

Population:
Municipality 29,700,000
City 7,457,589
(as of 2013)

Grand Theater

Verkehrswege
Traffic Routes

Gewässer
Water-ways

Agglomeration Chongqing
Chongqing agglomeration area

Balance of Power

Meinhard von Gerkan

Dass China einen beeindruckenden Boom erlebt hat, ist inzwischen eine Binse. Seit einem guten Jahrzehnt macht das „Reich der Mitte" seinem Namen insofern zunehmend Ehre, als es sich durch die Annäherung an westliche Marktstrukturen (oder deren Überflügelung) in eine Position zwischen „dem Westen" und dem abgeschotteten „Roten Riesen" von einst schiebt. Natürlich ist der Boom Teil einer politischen Strategie. So wie die Architektur ihrerseits Teil und Zeichen dieses Booms ist. Nichts veranschaulicht so überzeugend wie die Skyline von Shanghai-Pudong, dass von der Idee des kapitalistischen Klassenfeinds nicht viel geblieben ist.

Dass nun wiederum öffentliche Kulturbauten für den architektonischen Boom eine große Rolle spielten, ist möglicherweise nicht ganz so geläufig. Die Kraft, die sich hinter Chinas Aufstieg verbirgt und die ihn motorisiert, ist nicht zuletzt eine „soft power". So wird in der Politikwissenschaft eine Variante internationaler politischer Einflussnahme genannt, die weder ökonomischer noch militärischer Natur ist, sondern eher indirekt und durch kulturelle Faktoren wirkt. In der Architektur manifestiert sich das vor allem in zwei Bautypologien: dem Museum und dem Opernhaus beziehungsweise der chinesischen Version davon, dem „Grand Theater". In den letzten zehn Jahren sind in China mehr als 1000 (!) Kunst- und Museumsbauten im Staatsauftrag entstanden. Um diesem Boom gerecht zu werden, müsste man ihn mit mindestens vier „O" schreiben. (Übrigens hat sich, analog dazu, mit atemberaubender Geschwindigkeit Chinas Kunstmarkt zum zweitgrößten der Welt entwickelt.) Viele der symbolträchtigen Museen sind – ein weiteres Zeichen für die oben erwähnte Annäherung Chinas an den Westen, aber auch für den China-internen Wettbewerb der Städte um Prestige – von bekannten internationalen Architekturbüros entworfen worden.

Für das Grand Theater gilt das ganz genauso. Ein Grund, weshalb die Aufträge für Grand-Theater-Entwürfe bevorzugt an internationale Büros gehen beziehungsweise bevorzugt von solchen Büros in Wettbewerben gewonnen werden, mag auch der sein, dass es die Tradition großer repräsentativer Opernhäuser in China (noch) nicht gibt. In Paris oder Mailand kommt den Häusern eine geradezu staatstragende Bedeutung zu; in Sydney wurden Jørn Utzons legendäre Segel nicht nur zum Wahrzeichen, sondern geradezu zum alleinigen Erkennungsmerkmal der Stadt – doch die klassische chinesische Oper fand und findet unter freiem Himmel statt. Daher ist auch das Repertoire, das in den Grand Theaters gegeben wird, mit dem westlichen nur bedingt vergleichbar. Die riesigen, multi-funktionalen, mehrsäligen Kulturstätten haben bislang noch mehr mit einer Musicalkultur gemeinsam als mit dem hochkulturellen Anspruch einer deutschen Staatsoper. Doch wenn das Musiktheater in China eine ähnliche Entwicklung nimmt wie die bildende Kunst – und alle Anzeichen sprechen dafür, dass es das tut –, dann muss das nicht so bleiben. Jede Tradition beginnt irgendwann einmal.

Heute bietet der Nachholbedarf, der sich durch Gier nach Neuem und nach internationalem Renommee artikuliert und vor allem durch eine entsprechend temporeiche Aktivität, insbesondere für den ausländischen Architekten beispiellose Chancen. Wie oft hat der schon die Gelegenheit, einen Bau zu entwerfen, der nicht weniger als kulturelles Zentrum und architektonisches Emblem einer Multi-Millionen-Stadt werden soll – im Fall von Chongqing der „größten Stadt, von der die Welt nie gehört hat" (*Tagesspiegel*). Tatsächlich ist Chongqing offiziell – wenn die administrativen Stadtgrenzen zugrunde gelegt werden – mit knapp 30 Millionen Einwohnern die größte Stadt der Erde. Der Ballungsraum, der urbane Bereich im „engeren" Sinne (genau lässt sich das bei diesem Riesengebilde nicht trennen), kommt aber „nur" auf zehn Millionen Einwohner. Die Dimensionen können für den Architekten bisweilen beängstigend sein, aber immer sind sie von allergrößtem Reiz. Und für diese Stadt auf einer Landzunge, vis-à-vis des monumentalen Business Districts, also buchstäblich auf Augenhöhe mit jener anderen „power", der ökonomischen nämlich, ein Grand Theater zu bauen … – diese extrem suggestive städtebauliche Voraussetzung machte die Aufgabe nur umso reizvoller.

Balance of Power

Meinhard von Gerkan

The fact that China has been experiencing an impressive boom is common knowledge around the world by now. For more than a decade, the "Middle Kingdom" has been increasingly living up to its name, inasmuch as it has moved into a position between "the West" and the isolated "Red Giant" of the past by converging with (and surpassing) Western market structures. The boom is, of course, part of a political strategy. Just as architecture is, on its part, a part and a symbol of this boom. Nothing better illustrates the fact that not much remains of the harsh opposition between China and the Americanized Western world than the skyline of Shanghai Pudong does.

The fact, however, that public cultural buildings have played an important role in the architectural boom is perhaps not so well known. The power that lies behind and drives China's ascent is not least a soft power. Soft power is a term used in political science to refer to a type of international political influence that is neither of an economic nor a military nature but one that rather works more indirectly through cultural factors. In architecture, soft power manifests itself mainly in two types of buildings: the museum and the opera house, or rather the Chinese version of the opera house, the "Grand Theater." In the last ten years more than 1,000 (!) art and museum buildings have been built, an incredible amount that impressively demonstrates exactly how important these "soft" areas have become. (Incidentally, in keeping with this process, China's art market has developed into the second largest in the world with breathtaking rapidity.) Many of the museums so fraught with symbolic meaning have been designed by well-known international architectural firms, which is yet another sign of China's moving closer to the West, but also of the competition between China's cities in terms of prestige within the country itself. Our office participated in this development, too, with buildings such as the Chinese National Museum in Beijing and the opera houses in Qingdao, Tianjin, or the project in Chongqing, which we would like to present here.

The reason that primarily international architects are commissioned with designing Grand Theaters, or that such offices win such contracts in architectural competitions more frequently, may have something to do with the fact that China does not (yet) have a tradition of great representative opera houses. The houses in Paris or London could almost be said to have a parliament-like significance; in Sydney, Jørn Utzon's legendary sails have long become not only a famous landmark but the very symbol of the continent–while classical Chinese opera has always been performed under the open sky, and still is to this day. Therefore, the repertoire played in the grand theaters and that played in the West cannot readily be compared. The former's huge multi-functional, cultural complexes with many halls still have more to do with the tradition of musicals than with the high cultural demands of a German State Opera. However, if opera and other music-related theater forms in China develop in the same way as the fine arts have, and there is much to suggest that this is indeed the case, it need not stay that way. Every tradition begins at some point.

The backlog, showing itself in the hunger for something new and for international renown, generates an uncanny speed with which things are done. It also generates unparalleled opportunities, especially for foreign architects. How often does an architect have the chance to design such a building, a building that is to become no less than the cultural center and architectural symbol of a megalopolis of many millions of inhabitants–Chongqing is the "greatest megalopolis no one has ever heard of," as the German newspaper "Der Tagespiegel" quipped. In fact, according to the administrative city limits, its approximately thirty million inhabitants officially make Chongqing the largest city in the world. The conurbation, however, the metropolitan area proper (though no clear separating line can be traced in this gigantic structure), houses "only" ten million inhabitants. Such dimensions may be frightening for the architect at times, but they are always extremely fascinating. And to build a Grand Theater for this city located on a promontory opposite the monumental business district, i.e., literally at eye level with this other power, namely the economic one ... – well, this extremely suggestive urban situation made the task all the more attractive.

Von Träumen und Illusionen

Nikolaus Goetze

Eine Kulturveranstaltung ist immer ein Erlebnis. Egal, ob man ein Theaterstück, eine Oper oder auch ein Konzert besucht, bedeutet es immer, dem Alltagsleben entrückt zu sein. Die Inszenierungen mögen sich unterscheiden, ein ganz besonderes gesellschaftliches Ereignis sind sie immer. In Asien gilt das ebenso wie in Europa. Überall suchen Menschen Geschichten und Illusionswelten. Orte, an denen diese Sehnsüchte erfüllt werden, sollen ihrerseits die Außergewöhnlichkeit des Augenblicks transportieren und ihr baulichen Ausdruck verleihen.

Das Grand Theater in Chongqing hat keine klassische Fassade aus Wand- und Fensterflächen, sondern ist konzipiert als eine expressive Skulptur aus aneinandergereihten, raumhaltigen Glasbändern, die sich zueinander versetzen und verschieben. Reflexionen von Sonne, Wolken und Wasser auf den vielschichtig geneigten und gebrochenen Glasflächen erzeugen surreale Lichtreflexe und Spiegelungen, die den Baukörper in immer wieder neuen, geheimnisvollen Lichtstimmungen erscheinen und erstrahlen lassen.

Ursprünglich war hierfür Glaskeramik geplant, die eine starke Jade-Anmutung hat. Dieses Material war aber nicht zugelassen. Auch Recyclingglas wäre nicht möglich gewesen. Die äußere Hülle der Doppelfassade besteht aus strukturiertem, gefärbtem Verbund-Sicherheitsglas, aufgebracht auf eine Stahlkonstruktion. Die eigentliche thermische Hülle liegt innen und besteht aus einer Doppelverglasung mit im Scheibenzwischenraum eingebrachter transluzenter Folie. So ist die tragende Stahlstruktur weder von außen noch von innen zu sehen. Im Zwischenraum der Doppelfassade sorgen LED-Lichtleisten am Abend für das gleichmäßige Erstrahlen der Fassade.

Dort, wo das Innere verborgen bleiben soll, zum Beispiel im Bereich der hohen Bühnentürme, bildet eine zweite massive Hülle unterhalb der Glasverkleidung den nötigen Schutz. Wo dagegen Tageslicht und Sonne in das Innere des Gebäudes dringen sollen, gewährt diese Glashülle Ein- und Ausblick, verbindet das Innen mit dem Außen. Nach der Kartenzugangskontrolle beispielsweise werden die Konzert- und Theaterbesucher

On Dreams and Illusions

Nikolaus Goetze

Attending a cultural event always is quite an experience. No matter whether a play, an opera performance, or a concert – it always means one will be carried away from everyday life. The staging may differ, but they are always special social events. This goes for Asia in the same way as for Europe. People everywhere look for stories and illusionary worlds. Places that fulfil this longing are supposed to convey the exceptionality of the moment and express it through their architecture.

The Grand Theater in Chongqing has no classical façade made of wall and window surfaces but is designed as an expressive sculpture of complex-angled, space-defining glass ribbons in intricate staggered arrangement. Reflections of sunlight, clouds, and water on the discontinuous glass panes of varied inclinations create surreal light reflections and mirroring effects, making the building appear and glow in ever-new mysterious atmospheres created by light.

Glass ceramics reminiscent of jade were originally planned for these panes but were ultimately discarded due to licensing problems. Recycled glass could not be used either. The external skin of the double-skin façade consists of textured and colored laminated safety glass attached to a steel structure. The thermally insulating part of the building envelope is the inner skin, which consists of double glazing with a translucent foil in the gap between the glass panes. This means that the loadbearing steel structure cannot be seen from the outside or the inside. LED light strips in the space between the outer and inner skins steadily illuminate the façade after sunset.

Where the interior is supposed to be hidden, such as with the tall stage towers, a second, massive shell underneath the glass façade provides the necessary protection. Where, however, daylight can and should be able to penetrate into the interior, the glass façade allows a view through to the interior as well as to the exterior, connecting inside and outside. After the ticket check, for instance, concert- and theater-goers head towards the main hall foyer by way of representative stairways leading to smaller hall foyers. These foyers with generous overhead space give the visitor a unique view of the opposite bank of the Yangtze and the city center of Chongqing. From no other spot in the building is this view possible – if there were more such vantage points, the border between the real world and the world of illusion might be blurred altogether.

A stone platform supports the glass structure of the Grand Theater on a promontory between the Yangtze and the Jialing River so that it seems to float above the water. While the inner city skyline on the opposite side of the river may well be referred to as the Manhattan of Chongqing, the Grand Theater with its sculptural architecture is an imposing sight in its own right, especially when viewed from the water where the ships headed for the dam dock below the Grand Theater.

Modell des Grand Theater in Chongqing
Model of the Grand Theater in Chongqing

vom eigentlichen Hauptsaalfoyer über repräsentative Treppenanlagen hinaufgeführt in die Foyers der jeweiligen Säle. Diese Foyers mit großzügigen Lufträumen erlauben dem Besucher einen einzigartigen Blick auf das am anderen Ufer des Yangtse gelegene Stadtzentrum von Chongqing. An anderen Stellen ist ein solcher Ausblick nicht möglich, um die Grenze zwischen der realen und der Illusionswelt nicht zu sehr verschwimmen zu lassen.

Die Basis für die gläserne Skulptur des Grand Theater bildet eine steinerne Sockelplattform auf einer Landzunge zwischen den Flüssen Yangtse und Jialing – das Gebäude schwebt beinahe über dem Wasser. Die Skyline der Innenstadt gegenüber könnte man als das Manhattan Chongqings bezeichnen. Das Grand Theater ist aber in seiner skulpturalen Architektur selbst ein imposanter Anblick, insbesondere vom Wasser aus betrachtet, wenn die Schiffe zum Staudamm unterhalb des Baus anlegen.

Indem das Grand Theater Aufmerksamkeit erregt, zieht es den Blick auch auf diese Seite des Flusses und trägt zu einem Brückenschlag zwischen den beiden Uferseiten bei. Denn auch das Publikum, das angesprochen und angezogen werden soll, befindet sich zu einem großen Teil auf der anderen Seite des Wassers.

Mit seiner hohen Luftfeuchtigkeit ist Chongqing eine Stadt des Nebels. Das macht sie zu einer Lichterstadt, die im Dunkeln mit dem Nachtlicht eine ganz eigene Schönheit entwickelt. Daher ist auch das Grand Theater so konzipiert, dass es gerade in dieser Zeit zu seiner vollen Geltung kommt. Wenn es von innen erleuchtet ist und das Licht nach außen dringt, sticht das Gebäude selbst noch inmitten des umgebenden Lichtermeers hervor.

Man könnte auch sagen, dass das Gebäude weniger schwebt als schwimmt, denn in Aufsicht und Seitenansicht erinnert der Bau an ein Schiff. Trotz der Schiffsanalogien folgen Grund- und Aufriss streng den funktionalen Anforderungen. Auch die scheinbar willkürliche Expressivität der Kubatur ist wohlbegründet. Beide Konzertsäle mit ihren zugeordneten Foyers liegen auf der Längsachse, an deren Enden sich die Eingangsbereiche befinden. Die Grand Hall ist für rund 1800, die Medium Hall für ca. 900 Zuschauer konzipiert. Die beiden Säle können gleichzeitig bespielt werden, da Technik und Bühnenlagerflächen zentral in den Sockel integriert sind. Die Foyerflächen sind verbunden über das Erdgeschossfoyer, wo Ladenflächen wie ein Arts-and-Craft-Shop sowie ein Instrumentenladen und Ausstellungsräume angesiedelt sind.

In China sind die Anforderungen an ein Grand Theater deutlich breiter als in der westlichen Welt. Daher sind die Säle so geplant, dass Sing- und Tanzveranstaltungen ebenso durchführbar sind wie Sprechtheater- oder Orchester- und Kammermusikaufführungen oder auch Operninszenierungen. Das Gebäude eröffnet in der Welt der Illusionen also ganz verschiedene Möglichkeiten. Das Gesamtarrangement des Grand Theater erzeugt poetische Kompositionen aus Realität und Fiktion, wie die Illusionswelt einer Theaterinszenierung, und hat das Potenzial, zu einem Wahrzeichen der Stadt zu werden.

In the way that it attracts attention the Grand Theater contributes to building an imaginary bridge between the two river banks. After all, the audience that is addressed and supposed to be attracted is found primarily on the other side of the water.

With its high humidity Chongqing is a city of fog, and the fog transforms it into a city of light, which takes on a beauty of its very own at night with the light shining through the darkness. Therefore the Grand Theater is designed in such a way as to show to its greatest advantage at night. When illuminated, it is able to stand out even in the surrounding sea of lights.

One could say that the building seems to be rather floating on the water than in the air, because from the front and from the side the building resembles a ship. In spite of that analogy the ground plan and elevation follow strict functional criteria. Thus, what may at first glance seem like a haphazard expressivity of the cubature is in fact far from it. Both concert halls with their corresponding foyers are located on the longitudinal axis, with the entrance areas located on either end. The Grand Hall seats 1800 people, the Medium Hall around 900. Both halls can be used simultaneously and individually, as technology and stage depot areas are integrated centrally in the base. Moreover, all foyer areas of the Grand Theater are connected via the ground floor foyer where business areas, an arts-and-crafts store, an instruments shop, and exhibition rooms are located.

In China, the requirements of a Grand Theater are decidedly more varied than in the Western world. As a consequence, the halls are designed to accommodate song and dance events, spoken theater, orchestral and chamber music performances, and operas. Accordingly, the building opens up quite different possibilities in the world of illusions. The overall arrangement of the Grand Theater creates poetic compositions combining reality and fiction, just as the world of illusions of a theater production does; it has the potential to become a symbol of the city itself.

↖ Das Dampfturbinenschiff als Analogie
The steamship as an analogy

↑ Skizze Meinhard von Gerkan
Sketch by Meinhard von Gerkan

Entwurf Kunstlicht
Technischer Bericht

agLicht

Einführung

Neben der Außenwirkung des Gebäudes am Tag kommt der Fernwirkung des Chongqing Grand Theaters in den Übergangs- und Nachtstunden eine besondere Bedeutung zu. Der größte Teil der Fassade ist transluzent und spült tagsüber diffuses Tageslicht in das großzügige Foyer, während in den Abendstunden der Baukörper von innen nach außen leuchtet.

› Im Zusammenspiel mit Reflexionen von Sonne, Wolken und Wasser auf seiner Oberfläche erstrahlt er in immer wieder neuen Lichtstimmungen. Diese Dramaturgie wurde in der Kunstlichtplanung zu einem wesentlichen gestalterischen Bestandteil.

› Wichtig war dabei, ein Konzept für das Gebäude zu entwickeln, welches den Bau als einen spannungsreichen und akzentuierten Körper darstellt, ohne wie eine undifferenzierte und lichtüberquellende Form zu wirken. Neben den üblichen, technischen Gütegesichtspunkten - Beleuchtungsstärke, Lichtfarbe, Farbwiedergabe etc. - war es unser zentrales Anliegen, mit den gewählten planerischen Lösungen Atmosphären zu entwickeln.

Außenbeleuchtung

Die Außenbeleuchtung ist in zwei Bereiche eingeteilt: die Zuwege aus der Stadt und die Plattform, die als Basis für das Gebäude dient.

› Hier waren neben gestalterischen Aspekten auch funktionale Anforderungen an die Verkehrs- und allgemeine Sicherheit zu berücksichtigen. Großformatige Lichtstelen erzeugen durch konsequente Reihung den Eindruck einer Lichtallee, deren Vertikalität die Dynamik und die Bewegung der Besucherströme unterstreicht und Orientierung ermöglicht. Schatten- und Lichtwurf erzeugen einen einladenden und zugleich spannungsreichen Auftakt zu den beiden Haupteingängen.

› Der eigentliche Opernplatz wurde mit rhythmisch gesetzten Einzellichtpunkten im Boden als ruhige Fläche definiert. Generell hätten vertikale Elemente in direkter Konkurrenz zur Lichtwirkung des Gebäudes gestanden. Treppenanlagen, Bänke, mögliche Wasserflächen, Fahnenmasten und Mauerbrüstungen wurden individuell ins Licht gesetzt.

› So entsteht ein klar ablesbares Gesamtbild, welches durch die gesonderte Hervorhebung der alten Stadtmauer ergänzt wird, für die eine andere Lichtfarbe - NAV - verwendet wurde, um Alt und Neu voneinander abzusetzen.

Architekturbeleuchtung

Aufgabe der Lichtplanung war es, eine Tiefenwirkung über die vorgelagerten Foyerhallen zu erzeugen, die den kristallinen Körper mit seiner scheibenartigen Struktur ohne sichtbare und störende Beleuchtungskörper wirken lässt. Die Lichtinszenierung erfolgte als unabhängiges Element aus dem Bereich der Doppelfassade und setzt sich in den geschlossenen Dachflächen fort, um die Scheibenstruktur des Gebäudes auch aus der Vogelperspektive nahtlos fortzuführen.

Restaurant und Bankettbereich

Von der Stadt aus gesehen, wird der Restaurantbereich im beleuchteten Zustand als Fuge und damit als Ablösung der Plattform von der Uferbebauung wahrgenommen. In beiden Restaurantbereichen wurden zwischen den Spuren von Einbaurichtstrahlern höherliegende Deckenstreifen aus satiniertem Glas angeordnet. Sie nehmen gestalterisch das Thema der Glasfassade im Innenraum wieder auf und wurden mittels einer indirekten Beleuchtung zusätzlich in Szene gesetzt.

Eingänge und Foyers

Während die eigentlichen Foyers über Deckeneinbauleuchten horizontal betont werden, zeichnet sich der eingestellte und im Ganzen ablesbare Körper der Bühnen vertikal beleuchtet ab. Mittels einer kontinuierlichen und umlaufenden Lichtfuge zwischen Galerieebene und der Holzvertäfelung des Konzertsaales werden die Wände mit einer vertikalen Helligkeit akzentuiert. Die Hülle des Konzertsaals bleibt so als Ganzes ablesbar.

› An den Köpfen der Foyers löst sich die geschlossene Deckenfläche an den Fassaden langsam ab und gibt Raum für Erschließungselemente wie Rolltreppen, Aufzüge und Treppenanlagen. Diese wesentlichen, auch von außen ablesbaren Gestaltungselemente werden mit Licht reduziert inszeniert.

› Für den großen Luftraum wurden dekorative großformatige Pendelleuchten entwickelt, die einem leichten Lichtmobile gleichen. Die Lichtdramaturgie des Raumes wurde so aufgebaut, dass der Block als solides und helles Element den Mittelpunkt bildet und das Licht nach außen zur Fassade hin langsam abnimmt, um die Erschließungselemente herauszuarbeiten und den Ausblick zur Stadt zu ermöglichen.

Design for Artificial Lighting
Technical Report

agLicht

Introduction

Apart from the impression that the Chongqing Grand Theater makes during daylight hours, its long-range effect during dawn and night-time is particularly important. The majority of the façade is translucent, flooding the generously dimensioned hall foyer with diffuse daylight during daytime, while in the evening hours the building glows from the inside out.

› The interplay of the reflections of sunlight, clouds, and water on its surface creates ever-new atmospheres of light. This effect was an essential component of the artificial lighting design.

It was important to develop a building concept that presents the volume as an exciting and accentuated body as opposed to a nondescript shape overflowing with light. Besides the usual technical quality criteria – illuminance, light color, color rendering, and so forth – it was one of the design's main goals to create various distinct atmospheres.

Exterior Lighting

The exterior lighting is subdivided into two sectors: the feeder roads from the city and the platform base of the building.

› Here, the artistic design had to take into account various functional requirements of traffic and general safety. Rigid strings of large-scale light steles create the impression of a tree-lined avenue of light, its verticality underscoring the movement of the streams of visitors and helping them orientate themselves. Areas of shadow and light create an equally inviting and vivid prelude to the two main entrances.

› Individual spots of light placed rhythmically in the floor define the actual opera square as a calm space. Any vertical elements would have competed with the building's light-effect. Stairwells, benches, possible bodies of water, flagpoles, and balustrades were lighted individually.

› The result is a clearly appreciable overall impression, complemented by the distinct accentuation of the old city walls, for which a different color of light – NAV – was used in order to clearly distinguish the old from the new.

Architectural Lighting

It was the task of the lighting design to create a sense of depth by means of the hall foyers that jut out in front, emphasizing the crystalline body and its multi-slab structure without the use of visible lighting fixtures. The light orchestration was installed as an independent element in the double façade area and was also applied to the uninterrupted roof surfaces, in order to continue the building's multi-slab structure from an aerial view as well.

Restaurant and Banquet Area

Seen from the city, the restaurant is perceived as an interstice when illuminated and therefore seems to separate the platform from the built-up shore. In both restaurant spaces recessed, ceiling areas consisting of satin glass strips were placed between the built-in spotlight beams. They reiterate the theme of the glass façade in the interior, and indirect lighting emphasizes them further.

Entrances and Foyers

While the actual foyers are accentuated horizontally by means of built-in ceiling lights, the integrated volume of the stages, appearing as a single unit, is delineated by vertical illumination. Vertical lighting is applied to the walls, too, brought about by a continuous circumferential lighting gap between the gallery level and wooden paneling of the concert hall. Thus, the concert hall shell can be appreciated in its entirety.

› At the head areas of the foyers, the uninterrupted ceiling area gradually recedes from the façades and makes room for access facilities such as escalators, elevators, and stairwells. These essential design elements, which are also visible from the outside, are presented with reduced lighting.

› Decorative large-scale pendant luminaires that look like weightless mobiles of light were developed for the large open space. The lighting concept of this space is designed to turn the block into the solid and bright center element. It also makes the light, nearing the outward façade, gradually decrease in order to visually carve out the access facilities and to allow a view of the city.

Ausstellungszone

In den Ausstellungsbereich führt ein Gang vom Hauptfoyer, dessen Grundbeleuchtung ergänzt wird durch eng gesetzte Wandeinbauleuchten, die dem Weg einen Rhythmus geben. Im eigentlichen Ausstellungsbereich wurden zwei Systeme für die unterschiedlichen Raumhöhen und möglichen Nutzungen entwickelt: Der kleinere, sehr hohe Ausstellungsbereich ist mit einer großflächigen Lichtdecke ausgestattet, die regelbar ist und unterschiedliche Lichtsituationen und -intensitäten ermöglicht. Eine umlaufende Stromschiene erweitert die flexible Nutzung. Die anschließenden drei niedrigen Raumeinheiten sind jeweils mit einer umlaufenden Stromschiene für Strahler und einer gleichmäßigen Aufteilung von Einbaurichtstrahlern bestückt.

Zuschauersäle

Der Besucher gelangt über reduziert beleuchtete Zugänge von den Hallen in die Säle. Die niedrigere Lichtintensität führt zu einer eher intimen Atmosphäre. In den Sälen selbst wechseln sich sichtbare und brillant wirkende Leuchten mit integrierten linearen und indirekt wirkenden Beleuchtungselementen ab, wie sie sich zum Beispiel durch die Ablösung von Decken- und Wandakustikelementen entwickeln.

› Im großen Konzertsaal wurden die mit Holz verkleideten Raumwände mit einer umlaufenden Lichtvoute versehen. Die vertikalen Helligkeiten und die Reflexion der Holzoberfläche verleihen dem Raum einen festlichen Charakter, der durch die moderne Interpretation eines großformatigen Kronleuchters ergänzt wird. Seine Dimension ist durch unterschiedliche Höhen aus verfahrbaren drei- bis fünfteiligen Glaselementen frei wählbar.

› Für den vorderen Bühnenbereich wurden großflächige Reflexionssegel mit einer integrierten Beleuchtung entwickelt. Anzahl und Art der Lichtelemente wurden so gewählt, dass unterschiedlichste Stimmungen über vorprogrammierte Szenen abgerufen werden können.

Exhibition Area

The basic lighting of the corridor connecting the main foyer and the exhibition area is complemented by rhythmically and narrowly spaced fitted wall lamps. In the actual exhibition area two systems were developed for the different room heights and uses: the smaller, high exhibition area is equipped with an extensive luminous ceiling that is adjustable and allows for different lighting modes and intensities. A circumferential conductor rail enlarges its scope of uses. The adjacent three low-space units are each equipped with a circumferential conductor rail for spotlights as well as with evenly distributed fitted directional spotlights.

Concert Halls

From the hall foyers the visitor is led through dimly lit access areas to the concert halls. The low light intensity creates a rather intimate atmosphere. In the concert halls proper, integrated linear and indirect lighting elements – as created, for instance, by the protruding position of acoustic elements on the ceiling and walls – alternate with visible and brilliant lamps.

› The wood paneling of the walls in the large concert hall was equipped with circumferential cove lighting. The vertical brightness and the reflection on the wooden surface lend the hall a festive character, which is complemented by the modern interpretation of a large format chandelier. Its size is freely selectable by adjustable different heights of extendable glass elements consisting of three to five parts.

› Extensive reflecting sails with integrated lighting were developed for the front stage area. The number and type of lighting elements were selected in such a way as to allow for a large variety of atmospheres via pre-programmed scenes.

Starke Architektur für eine starke Stadt

Ein Essay von Dirk Meyhöfer

Runde Geburtstage und Jubiläen stehen 2015 an: Das Büro von Gerkan, Marg und Partner feiert seine Gründung vor 50 Jahren, der Bürobau an der Hamburger Elbchaussee sein 25-jähriges Bestehen. Beide Namensgeber des Büros werden demnächst 80 Jahre alt, das erste Projekt des Büros in China, die Deutsche Botschaftsschule in Peking, wurde vor 15 Jahren fertiggestellt. Auf den ersten Auftrag folgten viele weitere, spannende Projekte im Reich der Mitte: darunter das Grand Theater in Chongqing. Begeistert erzählt Meinhard von Gerkan im Gespräch mit seinem für dieses Projekt zuständigen Partner Nikolaus Goetze von den frühen Jahren seiner Arbeit in China. Er habe bei der Auslobung eines beschränkten Wettbewerbes das zugehörige Grundstück besichtigt. Ganz viele kleine chinesische Häuser, gebaut aus fast schwarz gebrannten Ziegeln, hätten dort gestanden und mussten für das geplante Kulturgroßprojekt weichen. Von Gerkan forderte spontan, all diese vielen tausend Steine zu sichern und wiederzuverwenden, denn in China ist das Brennen solcher Steine inzwischen aus Umweltgründen verboten. Seine chinesische Begleitung lachte nur kurz auf über diesen westlich-albernen Vorschlag, so banal und unbrauchbar schien er zunächst. Heute allerdings werden solche Steine handverlesen und nach Stückpreis (!) verkauft. Der Pritzker-Preisträger Wang Shu hat aus ihnen sogar das 2008 eröffnete Ningbo Historic Museum[1] gebaut. In den ersten Jahren von Gerkans in China galten sie allerdings wenig.

Eine kleine Geschichte nur aus dem Reich der Mitte, und doch ist sie symbolisch vielsagend, der Wandel könnte kaum besser beschrieben sein: Eine Dekade kann im schnell wachsenden China manchmal gefühlte 30 Jahre bedeuten!

Die Stadt des Nebels

› Vor zehn Jahren war Chongqing in den Augen westlicher Besucher eine Stadt vom anderen Stern und Kristallisationspunkt der chinesischen Schwerindustrie.Am 1. Juni 2003 wurden Stadt und Region mit der Schließung der Staumauer am Drei-Schluchten-Damm und der ersten Teilflutung konfrontiert. Die rund zwei Kilometer lange und bis zu 200 Meter hohe Mauer ließ einen 670 Kilometer langen Stausee entstehen. Ihre Zukunft sahen und sehen viele Menschen, die im Zuge dieser Maßnahme eine neue Heimat suchen, im suburbanen Wildwuchs der fast 30-Millionen-Stadt.

1

Diese wird buchstäblich überschattet von der wohl ärgsten Luftverschmutzung des asiatischen Kontinents. Im Winter legt sich zudem Nebel über die Stadt, die an zwei großen Flüssen liegt, und im Sommer kommt es in den engen Straßen nur zu einem geringen Luftaustausch, die Luftfeuchtigkeit ist sehr hoch. Diese Mischung machte Chongqing zur „Stadt des Nebels".

„Ihr in Europa lebt, wir rennen um unser Leben", so war in der *Süddeutschen Zeitung* unlängst über China zu lesen. Der gesamte Artikel war von ungewohnten Horrorszenarien über graueste Himmel und verseuchteste Lebensmittel gekennzeichnet. Nikolaus Goetze erinnert daran, dass die Menschen in Chongqing gar nicht um ihr Leben rennen können, weil sie schon im Sitzen vom Kreislaufkollaps gefährdet sind. Hitze und Luftfeuchtigkeit fordern ihren Tribut. Die Bilder, die ich gesehen habe aus einem klimatisierten Reisebus an einem Abend im September in der Altstadt (oder dem, was man so nennt), haben mir gezeigt, dass das Horrorszenario nicht übertrieben ist. Der Mitteleuropäer ist dann erschrocken, weil sich die Klischees bestätigen.

Aber irgendetwas kriecht im Unterbewusstsein weiter. Denn diese Bilder kenne ich. Tristesse gepaart mit Kraft und Ausdauer. Vermeintlicher Untergang bei großer Vergangenheit. Das Ruhrgebiet sah so aus in den 1960er-Jahren.[2+3] Später in den 1990er-Jahren war es Oberschlesien. Im Grunde findet man diese Atmosphäre überall auf der Welt, wo Kohleförderung, Stahlerzeugung und andere Rohstoffveredelung in die Jahre gekommen sind. Und trotzdem möchte ich behaupten, es bleiben Landschaften der Stärke, mit ausdrucksstarken Bauten, also hohen Kaminen, filigranen Fördergerüsten – zumindest in der Erinnerung – als prächtige Bauideen.

Strong Architecture for a Strong City

An essay by Dirk Meyhöfer

There are milestone birthdays and jubilees to be celebrated in 2015: the office of Gerkan, Marg and Partner is celebrating the fiftieth anniversary of its foundation, the office building on the Elbchaussee in Hamburg its twenty-fifth anniversary. Both founders of the office will soon celebrate their eightieth birthdays; gmp's first project in China, the German Embassy School in Beijing was completed fifteen years ago. The first order was followed by many more exciting projects in the Middle Kingdom, including the Grand Theater in Chongqing. Meinhard von Gerkan enthusiastically recounts the early years of his work in China in a talk with his partner, Nikolaus Goetze, who is in charge of this project. He relates how in the course of the restricted competition, he visited the plot of land in question to find that there were many small Chinese houses standing on it—with bricks fired almost black—that had to make way for the planned large cultural project. Von Gerkan unhesitatingly requested that all these thousands of bricks be saved and reused because in the meantime China had prohibited the firing of such bricks for environmental protection reasons. His Chinese companion could only laugh at this silly Western proposal, which seemed so banal and impracticable to him. Today, however, such bricks are handpicked and sold by the piece (!). The Pritzker Prize Laureate Wang Shu even used them to build the Ningbo Historic Museum,[1] which was inaugurated in 2008. But during the first years of von Gerkan's sojourn in China, they did not count for much.

This little story from the Middle Kingdom is nevertheless symbolic and meaningful. The changing times could hardly be described any better: in rapidly growing China a single decade can sometimes feel like thirty years!

2

The City of Fog

› Ten years ago Chongqing was, in the eyes of Western visitors, a city from another planet and the crystallization point of Chinese heavy industry. On June 1, 2003, the city and the region were confronted with the closing of the Three-Gorges-Dam and the first partial flooding. The wall, about two kilometres long and up to 200 metres high, created a reservoir with a length of 670 kilometres. Many people, who on account of this measure were looking for a new home, saw and still see their future in the suburban sprawl of the city of almost 30 million inhabitants.

This city is literally overshadowed by what is probably the worst air pollution of the Asian continent. In winter a fog settles on the city lying on two big rivers, and in summer the narrow streets allow for only very little exchange of air; humidity is extremely high. This mixture makes Chongqing the "City of Fog."

3

"You people in Europe are living, we are running for our lives," was stated in a recent report of the *Süddeutsche Zeitung* on China. The whole article was full of exceptional horror scenarios about the grayest skies and the most heavily polluted food. Nikolaus Goetze calls to mind that people in Chongqing cannot even run for their lives because even when seated, they are threatened by a circulatory collapse. Heat and humidity take a heavy toll. The images I saw, taken from an air-conditioned tourist bus one evening in September in the historic city center (or what passes for it), showed me that this horror scenario is not exaggerated. The Central European individual is shocked because clichés turn out to be reality.

But something won't let go and continues to lurk in the subconscious. Because I have seen such images before. Dreariness paired with power and endurance. Supposed decline with a great past. This is what the Ruhr region looked like in the nineteen-sixties.[2+3] Later in the nineteen-nineties it was Upper Silesia. Basically one finds this atmosphere

„Wer barfuß geht, den drücken die Schuhe nicht."
Chinesisches Sprichwort

› Chongqing war und ist das Zentrum der chinesischen „Montanindustrie", wie wir das nach dem Krieg nannten. Umweltschutz spielte hier wie dort in Zeiten des wirtschaftlichen Erfolgs eine untergeordnete Rolle - wenn überhaupt. Stolz und stark bringen die Chinesen den Himmel selbst zum Leuchten, wenn er in der Folge ergraut und die Städte sich verfinstern. Chongqing ist inzwischen nachts eine Lichterstadt geworden und hat Lichtkonzepte entwickelt wie am Times Square in New York City. Das Grand Theater fügt sich in diese Lichtszenerie ein, und so kommt es zu den elektrisierenden Bildern, auf denen es wie die Titanic leuchtet. Am Abend unserer Besichtigung war die Illumination abgeschaltet. Gut so. Denn dieses Bild lenkt nur ab von den wirklichen architektonischen Leistungen des Grand Theater, das mit einem Opern- oder Theaterhaus europäischer Prägung nur wenig gemein hat und in dem auch kein eigenes Ensemble existiert. Das staatliche Programm sieht für die Grand Theater noch eher den Charakter eines Musicaltheaters oder einer Kongresshalle vor neben dem klassischen Repertoire (› vgl. auch *Qingdao Grand Theater in China*).

4

Wer in China schon einmal eine Opernaufführung besucht hat, hat den Genuss der Chinesen erlebt, auch wenn sie während der Vorstellung munter schwatzen und durchaus auch mal hinausrennen. Umgerechnet zahlen sie rund 20 bis 30 Euro für eine Eintrittskarte, was für China relativ teuer ist.

Auffällig: Auch hier (wie auf den Baustellen) ist sehr viel Personal zu sehen. „Eine Theateraufführung, ein Musiktheaterstück oder eine Oper gehören zu den höchsten Stufen künstlerischer Interpretation der Realität menschlichen Seins, ebenso wie von Träumen und Illusionen, Wünschen und Genüssen", schrieb *Baumeister*-Chefredakteur Alexander Gutzmer. Um zu verstehen, was das wirklich für Chongqing bedeutet, muss man allerdings schwitzen, Ängste überwinden, neue Sprachen lernen und alles vergessen, was wir über ein europäisches Opernhaus gelernt haben. Auch bei der Planung.

China Follows Function

› Die Architekten von Gerkan, Marg und Partner haben genau hingeschaut und eine richtige Konsequenz gezogen: Eine Stadt der Stärke braucht eine starke Architektur! Schon erste Skizzen und Modelle präsentierten eine robuste Struktur aus gegeneinander verschobenen Gebäudescheiben.

Dieser Ansatz, die „Oper" aus dem Meer der gebauten Trivialitäten und über dem echten Wasser herausragen zu lassen, ist überzeugend. In der Fachpresse war auch von einem neuen Bild der Akropolis die Rede, was übersetzt etwa Oberstadt oder Stadtfestung heißt. In jedem Fall ist ein besonderer Ort entstanden. Von dort aus geht der Blick auf die andere Flussseite, auf die Skyline von Chongqing[4] und einen neuen Boulevard, der durch den Stadtteil Jiangbei führt. Chongqing möchte eine supermoderne chinesische Stadt werden und von hier soll das ausgehen.

Aus der Gegensicht ist das Bauwerk absolut nicht zu übersehen, und es hat keine wirkliche Rückseite, wie beispielsweise die mächtige Oper in Kopenhagen, die ihre gläserne Front dem Schloss entgegenstreckt[5] und vergisst, was der Rücken des Bühnenhauses[6] stadträumlich in Richtung Christiania anrichtet. In Chongqing wurde ein Langhaus parallel zum Ufer komponiert, mit Schauseiten rundum, 240 Meter lang und mit zwei Sälen, die ihre gemeinsame Technik in die Mitte nehmen. Was praktisch ist und die notwendigen Bühnentürme zu den herausragenden Akzenten im Bauwerkzentrum macht.

5

wherever coal mining, steel production, and other processing of raw materials is getting a bit long in the tooth. And yet I would maintain that these landscapes remain full of power, with expressive structures, such as high stacks and filigree headframes—at least in memory—standing out as brilliant constructional ideas.

"The barefoot hiker has no trouble with shoes."
Chinese proverb

› Chongqing was and still is the center of the Chinese coal and steel industry as we know it from the time following World War II. There, as well as here, environmental protection played a minor, if any, role, during those times of economic success. But even when the sky consequently turned gray and the cities darkened, with pride and power the Chinese make heaven itself glow again. By now, Chongqing has become a city of light at night and developed lighting concepts comparable to those of Times Square in New York City. The Grand Theater fits well into this scenery of light and gives rise to electrifying pictures in which it glows like the Titanic. On the evening of our visit, there was no illumination. Well done. Because this image only distracts from the true architectural achievements of the Grand Theater, which has only little in common with a European-style opera house or theater and which also does not house its own resident theater company. The government's program for Grand Theaters specifies something that, while having to provide classical repertory, is more like a musical theater or a congress hall. (› see also the volume *The Qingdao Grand Theater in China* of this series).

6

Anyone who has ever attended an opera performance in China has witnessed what great pleasure the Chinese take in it, even if they sometimes chat during the performance or every once in a while someone simply leaves. They pay approximately the equivalent of 20 to 30 € for one ticket, which is relatively expensive for China. What is striking is how many staff workers are to be seen in the evenings here (as is the case on the building sites, too). "A theater performance, a piece of musical theater, or an opera represent the highest levels of artistic interpretation of the reality of human existence as well as of dreams and illusions, wishes and pleasures," wrote the editor-in-chief of the magazine *Baumeister*, Alexander Gutzmer. In order to understand what this really means for Chongqing, however, one has to sweat, face one's fears, learn new languages, and forget everything one had ever learned about a European opera house. And that includes its planning.

China Follows Function

› The architects von Gerkan, Marg und Partner took a careful look and came to the right conclusion: a powerful city needs powerful architecture! The first sketches and models already presented a robust structure of staggered building slices. This vision of an opera emerging from a sea of built banalities and above real water is convincing. The trade press also referred to it as a new version of the Acropolis, which translates approximately as "upper town" or "town fortress." It is, in any case, a special place that has been created, offering a view of the opposite riverbank with the skyline of Chongqing[4] and a new boulevard crossing the district of Jiangbei. Chongqing wants to become an ultramodern city, and this is where it is to begin.

Seen from the opposite side, the building cannot be overlooked, and it has no real backside, such as the mighty Copenhagen Opera House, whose glass front faces the castle[5] and which forgets what damage the back of the stage house[6] does to the urban space towards Christiania. In Chongqing a longhouse was composed that runs parallel to the edge of the lake, with decorative fronts on all sides; it is 240 meters long and equipped with two halls with their shared technical resources located centrally. Not only is this practical, it also makes the required stage towers into outstanding accents of the building complex. In China, they say, all power comes from the center.

In China, so sagt man, geht alle Kraft von der Mitte aus. Das Grand Theater Chongqing hat Vorfahrten und Zugänge auf drei Seiten für schnelle und reibungslose Be- und Entladung. Gäste, die mit Bus, Taxi oder PKW anreisen oder an der Wasserseite mit der Fähre, stören einander nicht. Das Grand Theater ist ein Funktionswunder – das gilt auch für die inneren Abläufe. Unter anderem Bühnenlogistik, Kühl- und Müllräume liegen unten und unauffällig im Sockel des Hauses. Alles ist gut erreichbar.

Die darüber liegenden zwei Theatersäle – Grand Hall und Medium Hall – bilden auf der Längsachse jeweils vorgelagerte Foyers aus. Die Herzstücke großer Theaterbauten, die Auditorien, machen nur einen kleinen Teil (unter 20 Prozent) der Gesamtmasse aus. Für die Zuschauer unsichtbar, gibt es Haupt-, Neben-, Seiten- und Unterbühnen. Sie bilden die Schnittstelle zwischen dem Publikumsbereich (Sälen und Lobbys, Garderoben, Restaurants etc.) und der Arbeits- und Künstlerwelt des Grand Theater – Backstage- und Serviceeinrichtungen, Werkstätten und Requisite (näheres ist dem Planwerk dieses Bandes zu entnehmen). Alles ist darauf ausgelegt, dass die beiden Säle zeitgleich und unabhängig bespielt werden können. Und in diesem Punkt ist das Bauwerk mit einem Containerschiff vergleichbar, wo die Boxen kompakt übereinander und nebeneinander gestapelt sind. Hier nur sind solche „Boxen" als dreidimensionales Raster gedacht und verbinden sich je nach Funktion zu entsprechenden Raum- und Funktionszonen.

Gerade weil sie wissen, dass funktionale Mängel die Ausnahme bleiben, geben chinesische Klienten derartige Großbauten gern bei europäischen Büros wie von Gerkan, Marg und Partner in Auftrag. Und weil sie wissen, dass im Schlepptau Bühnentechnik made in Germany auf Weltniveau vorhanden ist. Von Gerkan, Marg und Partner haben zudem Meilensteine beim Versammlungsstättenbau gesetzt, wie das in der Fachsprache heißt: so mit dem Musik- und Kulturzentrum Lübeck, einer kleinen, sehr kompakten und für den Städtebau der Hansestadt bedeutenden Anlage, oder mit dem Kongresszentrum in Hanoi.

Das Dampfermotiv und China

› Die Länge des Baus bringt nicht nur Stärke, sondern ermöglicht auch eine logische Strukturierung der unterschiedlichen Nutzungen. Die architektonische Hülle umspielt den Baukörper aus raumprägenden, gläsern anmutenden schiefwinkligen Figuren, die sich interessant versetzen und verschieben. Bei richtigem Wetter und den richtigen Lichtverhältnissen schillert die Fassade wie Jadeglas. Ursprünglich war dafür recyceltes Glas erwogen worden, was irgendwie gut zum Wiederaufstieg des gebeutelten Chongqing gepasst hätte. Das war nicht einzulösen, weil die gepressten Fassadengläser Temperaturwechsel von bis zu 40° Celsius nicht ausgehalten hätten. Die gewünschte Anmutung bleibt jedoch auch bei den neuen Gläsern erhalten, auch jene des Schwebens über dem Yangtse. Die Lage über dem Wasser (der Pegel wird im Laufe der Jahre noch steigen) und die horizontal betonte Bauform mit ihren asymmetrischen Zacken, Übersprüngen oder Verjüngungen wecken Assoziationen an ein Schiff. Die Schiffsmetapher würde passen bei Architekten aus Hamburg. Das würde „richtig" sein, denn das Dampfermotiv war in der Moderne (als die europäische Industrialisierung auf ihrem Höhepunkt stand) ein Symbol für Bewegung und damit des Aufbruchs. (Siehe dazu › *Gert Kähler: Architektur als Symbolverfall. Das Dampfermotiv in der Baukunst.*)

Aber 80 Jahre später hat sich die Semantik verändert: Kreuzfahrtschiffe sehen heute mit ihren systematisch übereinander geschichteten Balkonen wie aus dem Leim gegangene Hochhäuser aus, Bürobauten hingegen schnittig und dynamisch wie Hochseeyachten.

7

Das Grand Theater nimmt das Dampfermotiv auf, verleugnet aber sein Fest-auf-dem-Boden-Stehen nicht und zeigt sich auf seiner Sockelplattform wie ein Denkmal. Die gläsernen Wandvorhänge sorgen für phänomenale Lichtklimata und Binnen-Buten-Beziehungen (norddt.: drinnen/draußen).

The Chongqing Grand Theater has access roads and entrances on three sides for rapid and smooth entrance and exit. Guests arriving by bus, taxi, or private car or approaching from the water by ferry boat do not hinder each other. The Grand Theater is a functional marvel—this is also true for the flow of people inside the building. Among other things, stage logistics, cold storage rooms, and garbage rooms are located inconspicuously in the base of the building. Everything can be easily reached.

The two theater halls on top—Grand Hall and Medium Hall—are each equipped with entrance foyers along their longitudinal axis. The core elements of large theater buildings, the auditoriums, only take up a small part (less than twenty percent) of the total mass. Hidden from the spectators are the side stage and understage areas. They are the interfaces between the audience area (halls, lobbies, cloakrooms, restaurants, and so on) and the world of work and artists of the Grand Theater—backstage and service facilities, workshops, and property rooms. (More details can be found in the drawing section of the present volume.) Everything has been designed so that the two theater halls can be used simultaneously and independently. And in this respect the building can be compared with a container vessel in which the containers are stacked tightly on top of and next to each other. Here, however, the "containers" are conceived in a three-dimensional grid and combined depending on their function to create the corresponding spatial and functional zones.

It is precisely because they know that functional defects are the absolute exception that Chinese clients preferably entrust European offices such as Gerkan, Marg and Partner with the construction of such large buildings. And because they know that in their wake, stage engineering of international standing made in Germany is available. Von Gerkan, Marg and Partner have set milestones in the construction of places of assembly as the professional jargon calls it: for example, with the musical and cultural center in Lübeck, a small, compact unit that is of high relevance for the urban development of the Hanseatic city, or with the Congress Centre in Hanoi.

The Steamship Motive and China

› The building's length conveys not only power but also allows for a logical structuring of the different uses. The architectural shell plays around the main body of space,

8

defining ship-angled figures of crystalline appearance that are interestingly staggered and offset. With proper weather and lighting conditions, the shimmering look of jade glass is created. Originally this effect was to have been produced by recycled glass, which would have been perfectly suitable for the renewed rise of the shaken Chongqing. This was not feasible because the pressed façade glass would not have withstood temperature changes of up to 40° Celsius. But the desired appearance is created with the new type of glass, as well, as is the impression of hovering above the Yangtze. The location above water (the water level is expected to rise in the years to come) and the emphasized horizontal shape of the building—with its asymmetrical jagged line and its overhanging and tapering elements—evoke associations of a ship. The ship metaphor would fit well with architects from Hamburg. This would be fitting because in Modernity (when European industrialization was at its peak), the steamship motive was a symbol of movement and a new start (see › *Gert Kähler: Architektur als Symbolverfall: Das Dampfermotiv in der Baukunst*).

Eighty years later, however, the semantics have changed: today's cruise liners with their systematically superposed balconies look like high-rises coming apart at the seams, whereas office buildings are sleek and dynamic like ocean yachts.

The Grand Theater picks up the steamship motive but does not deny that it is standing on firm ground; it stands on its base platform like a monument. The glass curtain walls provide for phenomenal lighting climates and indoor-outdoor interrelationships.

9

In China sollen Häuser immer Geschichten erzählen, das weiß man spätestens dann, wenn man einmal mit chinesischen Bauherren zu Abend gegessen hat. So ist eben jenes Foto einzuordnen, wo das Grand Theater wie eine Titanic droht, zwar nicht Eisberge – hier nicht bekannt –, sondern Chongqings Hochhäuser zu rammen. Fotos bei Tag aber öffnen noch andere Assoziationen und erinnern beispielsweise an Hugo Härings Gut Garkau‹7 von 1922 – das auch in „heroischen" Zeiten erdacht wurde!

„Hier kann nur Starkes überleben!"

› „Das Grand Theater ist kein Gebäude mit üblicher Fassade aus Wand- und Fensterflächen, sondern liegt hinter einem gut gehängten Vorhang aus Glaspaneelen. Das von innen nach außen dringende Licht, die Reflexion von Sonne, Wolken und Wasser auf den vielschichtig geneigten und gebrochenen Glasflächen lassen den Baukörper in immer wieder neuen, geheimnisvoll mystischen Lichtstimmungen erscheinen und erstrahlen", schrieb der *Baumeister*. Die direkt dahinter liegenden seitlichen „Klostergänge" liefern intime Raumerfahrungen, durch das Milchglas dringt Licht, aber eine Ablenkung durch die Stadt draußen ist nicht möglich – bis auf wenige Positionen. Dieses transluzente Glas lässt nicht zu, dass überall herausgeschaut werden kann. Der Eindruck ist imposant.

Die Konzertsaalgeometrie des Bauwerks folgt bewährten Formen zwischen „Schuhkarton" (Wiener Konzerthaus‹8) und einem leicht geschwungenen Stadttheater mit zwei Rängen. Es sind Bühnen mit Auditorium für Show, Sing- und Sprechtheater. Welches Milieu ist für großartige Kulturerlebnisse in der Stadt der Stärke das Richtige? Eine Art martialischer Nachbau von Spielstätten in alten aufgegebenen Stahlwerken und Eisenhütten (wie im Landschaftspark Duisburg-Nord[9])? Improvisiert und temporär wie bei der Hamburger Kulturfabrik Kampnagel[10]? Oder doch repräsentative Heimeligkeit, die an eine deutsche Stadthalle erinnert? Es ist beides: Die Medium Hall präsentiert sich als Edelstahlambiente und deutet auf experimentelle Stärke, die Grand Hall verbreitet norddeutsche (wie in Lübeck), ja fast skandinavische Vertrautheit. Grand Hall und Medium Hall werden beide zur kulturellen Arche – als Schutz gegen die alltäglichen Anfeindungen durch Klima, Hektik und Lärm. Jede große Stadt braucht solche Fluchtorte – das Grand Theater ist einer.

Zehn Jahre sind seit dem Wettbewerbserfolg vergangen, das Haus ist lange fertiggebaut und wird intensiv genutzt. Die Chinesen präsentieren es gern in der ganzen Welt wie auf der MIPIM (Marché International des Professionnels de l'immobilier) in Cannes. Die Probleme aus der Bauphase sind fast vergessen, ebenso dass es hier manchmal Rohbautoleranzen im Meterbereich zu beachten gab und vorgesehene Stützen nicht wiedergefunden wurden. Vorbei. Natürlich können Meinhard von Gerkan und Nikolaus Goetze mit der Präzision der Ausführung nicht ganz zufrieden sein. „An diesem Ort, mit diesem Klima und dieser Schnelligkeit und Dichte kann nur etwas Starkes überleben!", lächelt von Gerkan. Leider hat man die kleinen schwarzen Steine von damals nicht gerettet – schade. Das Grand Theater hat aufgrund seines robusten Charakters ganz andere Überlebenschancen. Die Akropolis steht ja auch seit über 2000 Jahren ...

Chinese houses are supposed to tell stories, which becomes obvious, at the latest, when one has dinner with a Chinese contractor. This is where that photograph fits in–the Grand Theater, like the Titanic, threatening to ram not icebergs which are unknown here–but Chongqing's high-rises. Daytime photos call up yet other associations, for instance, Hugo Häring's Gut Garkau [7] of 1922– also designed in "heroic" times!

"Only Strong Things Can Survive Here!"

› "The Grand Theater is not a building with the usual façade of wall and window panes, but it stands behind a well-hung curtain of glass panels. The light seeping out from within and the reflection of sunlight, clouds, and water on the angled planes and facets of the glass surfaces make the building glow and appear in ever-new atmospheres of mystical light", wrote the magazine *Baumeister*. The lateral cloister-like hallways lying directly behind the façade offer intimate spatial experiences; light pervades the milk glass, but there is no distraction from the city outside–except at a few locations. This translucent glass does not permit one to look outside from all positions in the building. The resulting impression is imposing.

The concert hall geometry of the building follows a variety of well-tried shapes from "shoebox" (Konzerthaus in Vienna [8]) to a slightly curved municipal theater with two tiers. The stages are equipped with auditoriums for shows and musical and dramatic theater. Which ambience best befits exceptional cultural experiences in the city of power? A kind of martial reproduction of stages in old abandoned coal and steel production plants, like in the Landschaftspark Duisburg Nord [9]? Improvised and temporary, as in the Kampnagel [10] culture factory in Hamburg? Or rather representative cosiness that is reminiscent of a German Stadthalle, a smaller municipal indoor arena? The answer is both: The Medium Hall has a stainless steel ambience that suggests experimental strength; the Grand Hall brings about a North German –like in Lübeck–almost Scandinavian feeling of intimacy. The Grand Hall and Medium Hall have both become a cultural ark, providing protection against the daily hostilities of climate, hecticness, and noise. Every big city needs such getaway spots–the Grand Theater is one.

10

Ten years have passed since the competition was won; the house was completed many years ago and is used intensely. The Chinese like to present it all over the world, for example, at the MIPIM (Marché International des Professionnels de l'immobilier) in Cannes. Problems that came up during construction have been all but forgotten, as is the fact that the shell construction tolerances in the range of meter had to be negotiated or that supports that were supposed to be there were nowhere to be found. Never mind. Of course Meinhard von Gerkan and Nikolaus Goetze cannot be fully satisfied with the precision of the construction. "In this place, given the climate and the rapidity and density, only powerful things survive!" says von Gerkan with a smile. Unfortunately, the small black bricks from that time could not be saved–a real pity. Due to its robust character, the chances of the Grand Theater's survival are quite different. After all, the Acropolis in Athens has been standing for over 2000 years.

Pläne und Zeichnungen

Plans and Drawings

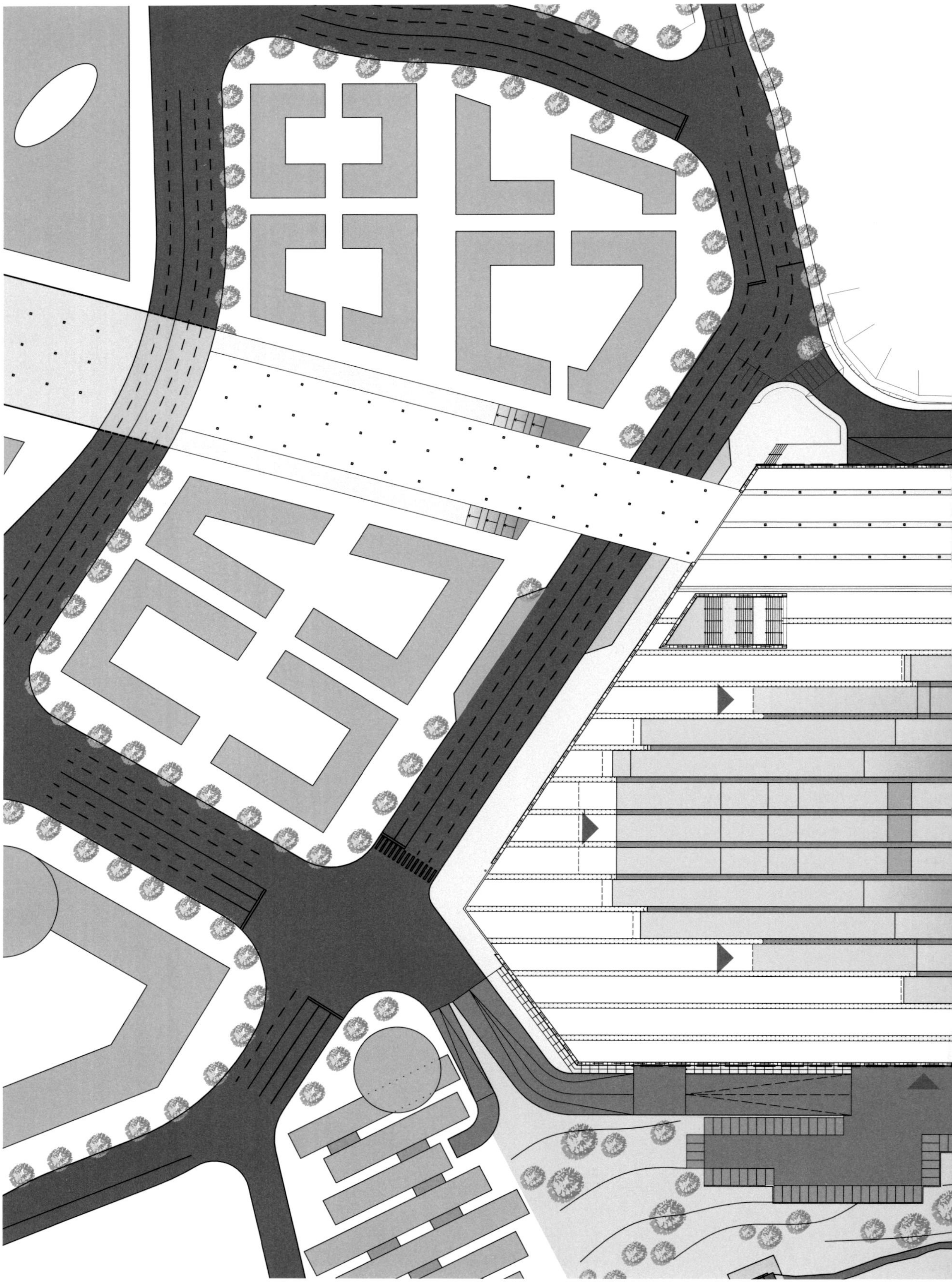

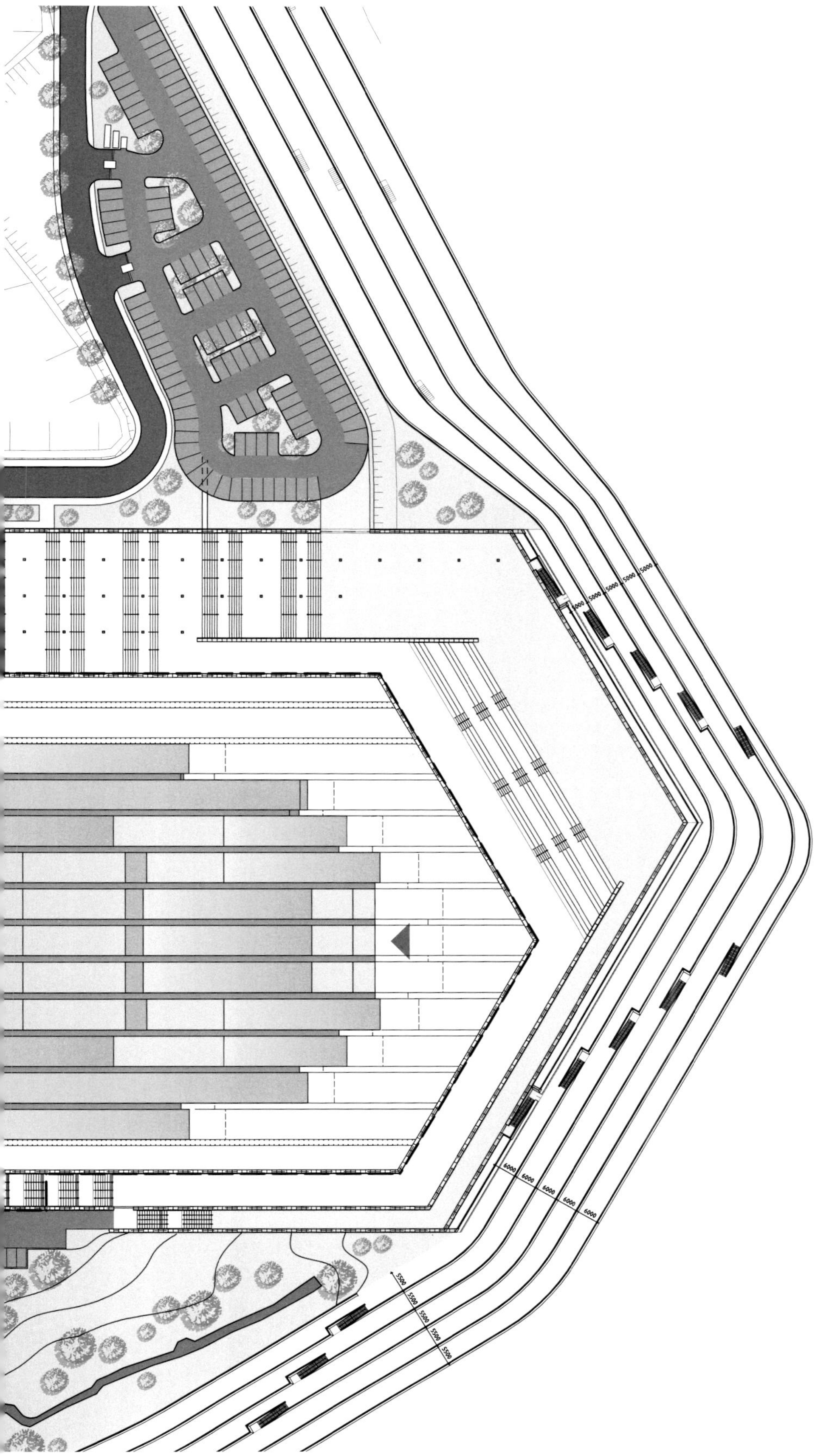

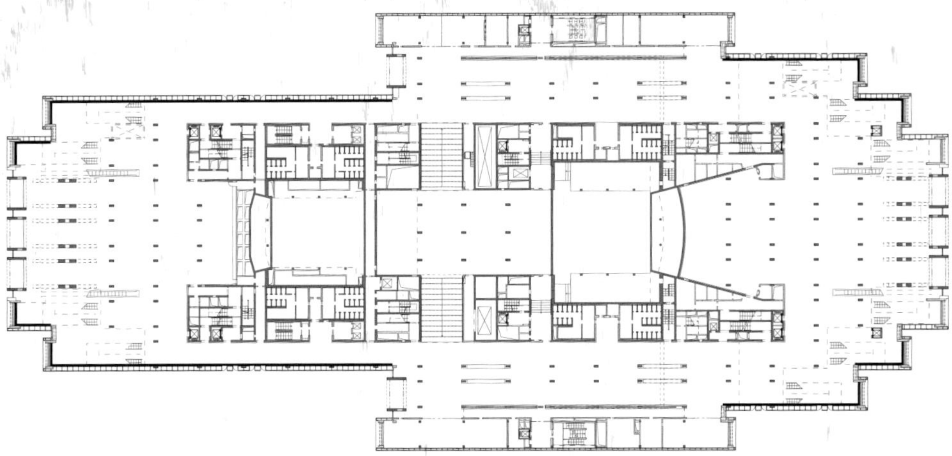

Grundriss Ebene 001
Floorplan Level 001

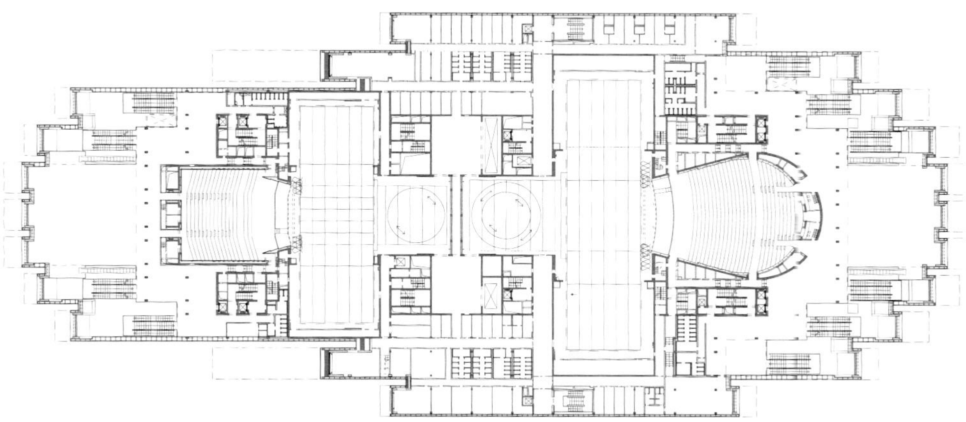

Grundriss Ebene 002
Floorplan Level 002

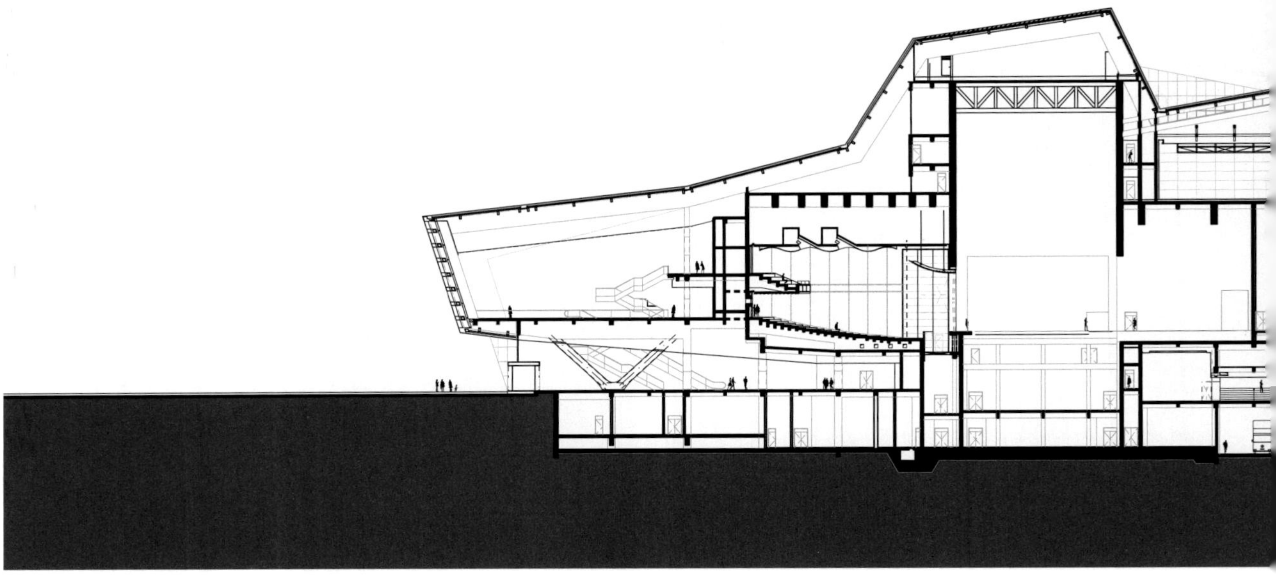

Längsschnitt
Longitudinal Section

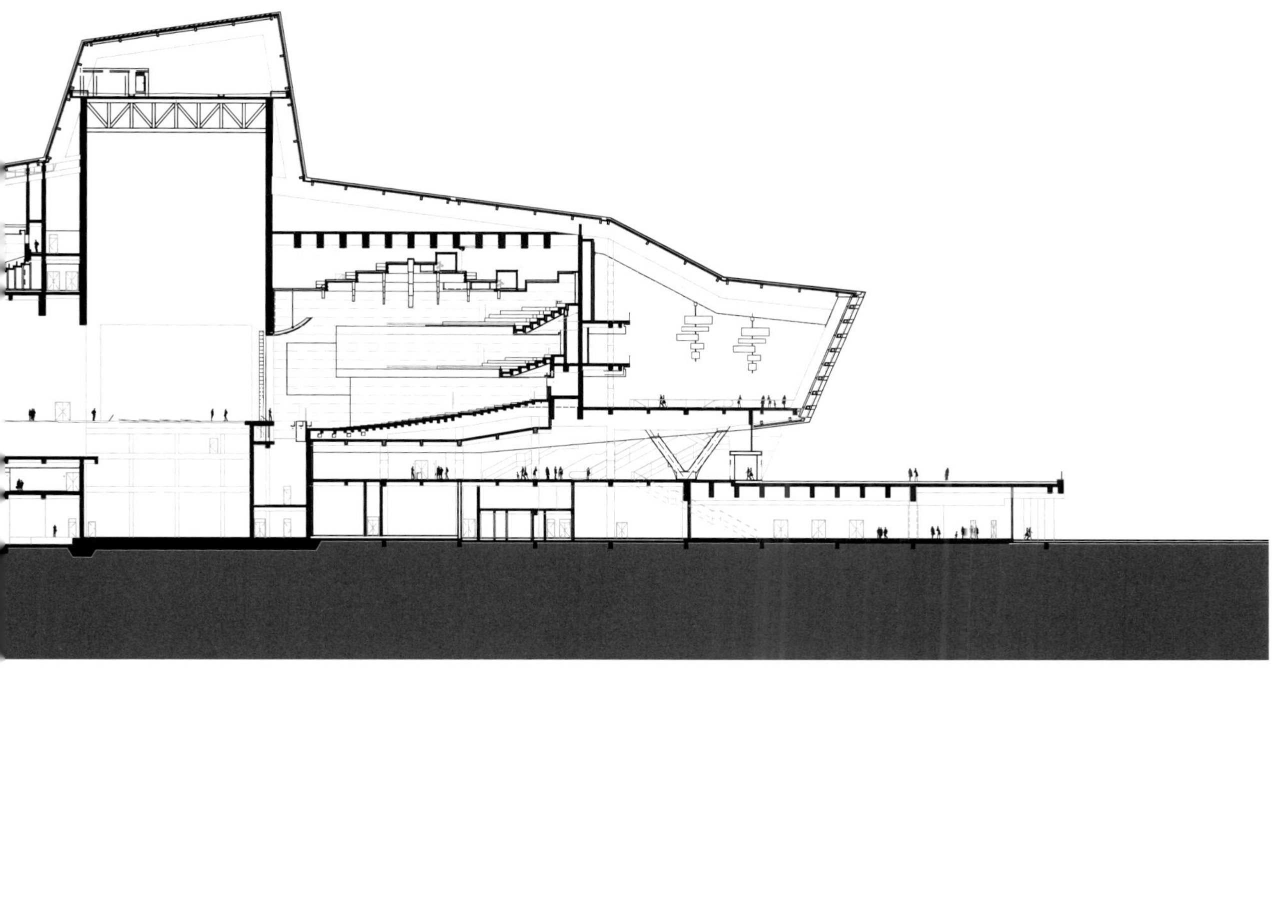

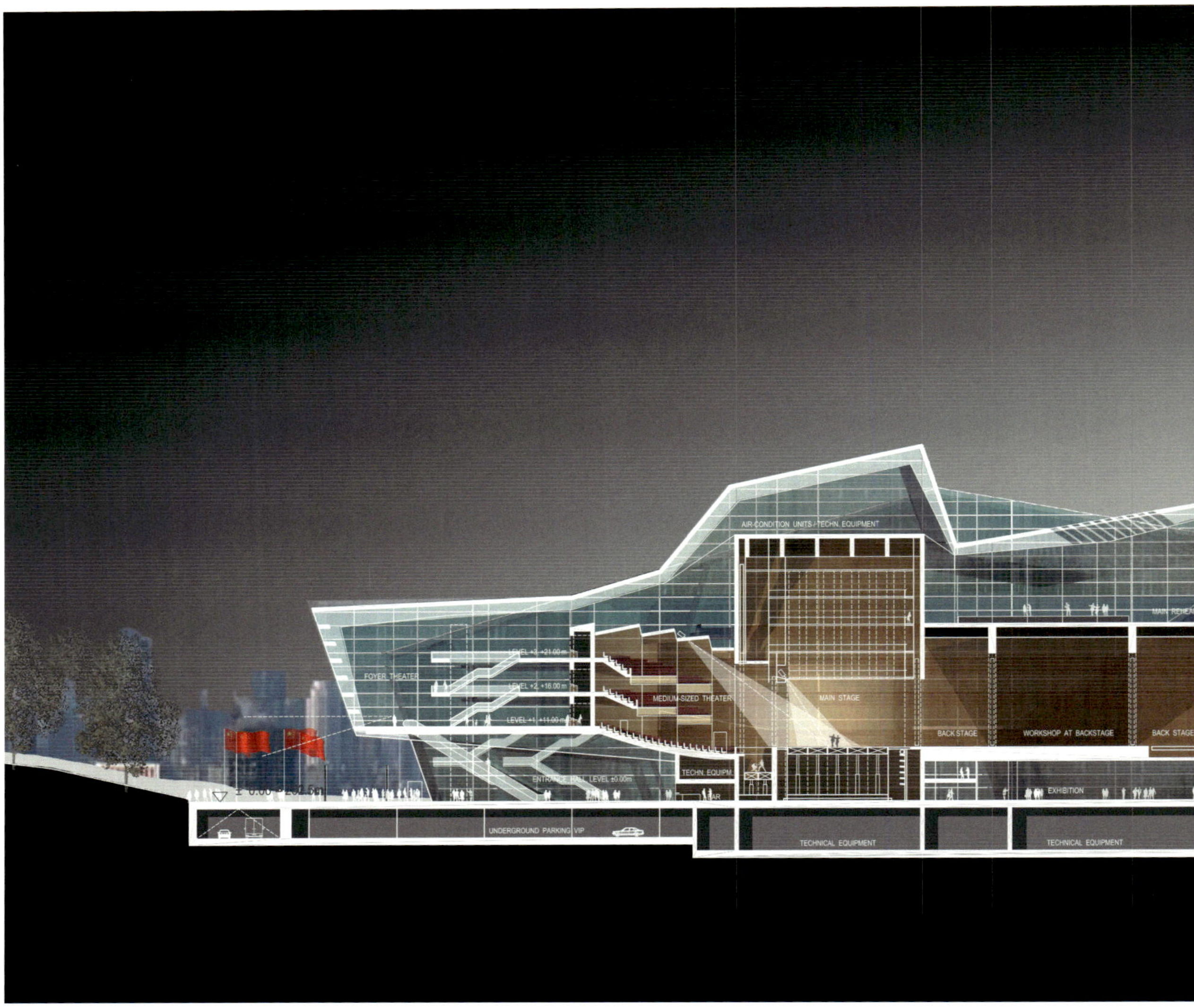
AIR-CONDITION UNITS / TECHN. EQUIPMENT
FOYER THEATER
LEVEL +3, +21.00 m
LEVEL +2, +16.00 m
LEVEL +1, +11.00 m
MEDIUM-SIZED THEATER
MAIN STAGE
BACK STAGE
WORKSHOP AT BACKSTAGE
BACK STAGE
TECHN. EQUIPM.
ENTRANCE HALL LEVEL ±0.00m
EXHIBITION
UNDERGROUND PARKING VIP
TECHNICAL EQUIPMENT
TECHNICAL EQUIPMENT

AIR-CONDITION UNITS / TECHN. EQUIPMENT
MAIN STAGE
GRAND THEATER
FOYER GRAND THEATER
LEVEL +3, +21.00
LEVEL +1, +11.00 m
ORCHESTRA PIT
TECHNICAL EQUIPMENT
ENTRANCE HALL LEVEL ±0.00m
SERVICE
BAR
GRAND THEATER PLAZA
INSTALLATION
TECH
BATHR.
EMPLOYEE DINING
TECHNICAL EQUIPM.
± 0.00

Fotografische Dokumentation

Photographic Documentation

天下
寰宇
天下
寰宇天下
62878888

Vorplatz des Grand Theater
Forecourt of the Grand Theater

Die Foyerflächen sind über das Erdgeschossfoyer verbunden.
All foyer areas are connected via the first-floor foyer.

← Für den großen Luftraum wurden dekorative Pendelleuchten entwickelt, die einem leichten Lichtmobile gleichen.
Decorative large-scale pendant luminaires that look like weightless mobiles of light were developed for the large open space.

Die Grand Hall mit über 1800 Sitzplätzen
The Grand Hall with more than 1,800 seats

Die Holzvertäfelung im großen Konzertsaal schafft eine intime Atmosphäre.
The wood paneling of the walls in the large concert hall creates an intimate atmosphere.

Die Säle sind so geplant, dass Sing- und Tanzveranstaltungen ebenso durchführbar sind wie Sprechtheater- oder Orchester- und Kammermusikaufführungen oder auch Operninszenierungen.
The halls are planned to accommodate song and dance performances, as well as theater, orchestra or chamber music, or opera.